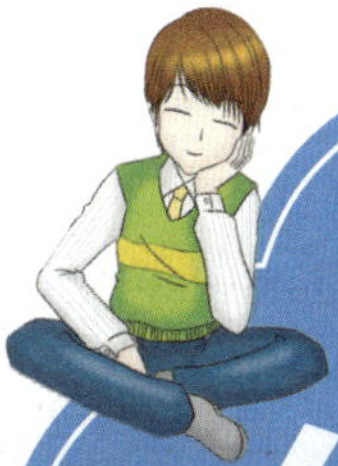

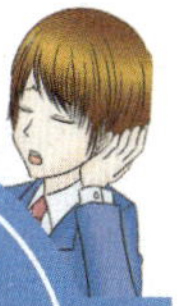

小男生心里的秘密

爸爸妈妈送给男孩的青春期手册

徐其浪 著

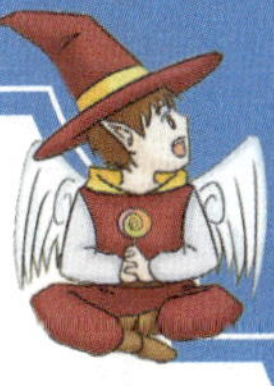

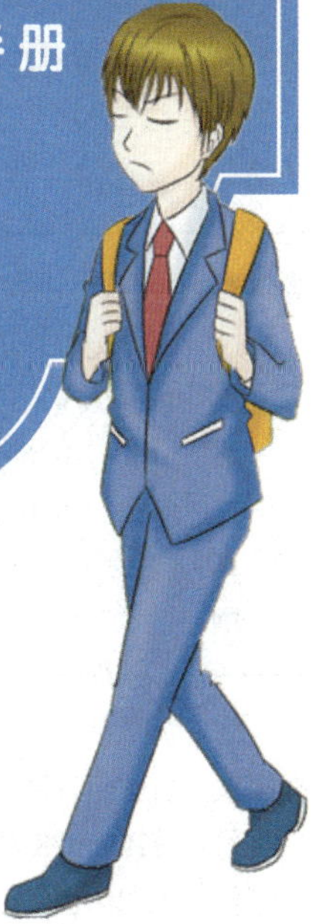

用科学与关爱解读小男生的青春期困惑

帮助家长走出性教育的尴尬与误区

图书在版编目（CIP）数据

小男生心里的秘密：爸爸妈妈送给男孩的青春期手册 / 徐其浪著 .
-- 西安：西安交通大学出版社，2017.3
ISBN 978-7-5605-9500-9

Ⅰ. ①小… Ⅱ. ①徐… Ⅲ. ①男性—青春期—健康教育—手册
Ⅳ. ① G479-62

中国版本图书馆 CIP 数据核字（2017）第 053749 号

书　　名 小男生心里的秘密：爸爸妈妈送给男孩的青春期手册
作　　者 徐其浪
责任编辑 贺彦峰　苏　剑

出版发行 西安交通大学出版社
（西安市兴庆南路 10 号　邮政编码 710049）
网　　址 http://www.xjtupress.com
电　　话 （029）82668357　82667874（发行中心）
（029）82668315
传　　真 （029）82668280
印　　刷 北京瑞禾彩色印刷有限公司

开　　本 787mm × 1092mm　1/16　　**印张** 10.5　　**字数** 90千字
版次印次 2017年5月第1版　2019年1月第2次印刷
书　　号 ISBN 978-7-5605-9500-9
定　　价 32.80元

读者购书、书店添货，如发现印装质量问题，请与本社发行中心联系、调换。

小男生
心里的秘密
让我们开始吧……

前言

进入青春期后，男生的喉结开始凸出，身体长毛毛……

第一性征的变化和第二性征的出现，使男生对性的差别特别敏感，逐渐有了朦胧的性意识，对自身所发生的变化感到迷茫、恐慌、害羞。

男生心理上产生了微妙的变化，开始逐渐意识到两性的差异，产生了不安、害羞等特殊的情感体验，这种心理现象称之为性意识。

因此，男生对女生产生了短暂的疏远感，尽量避免与女生接触，更忌讳个别交往，因为怕引起非议。

同时，由于男女性格的差异，男生会嫌女生娇气、胆小、小心眼。

由于对性别差异的敏感，男生对两性关系的神秘感也越来越强烈。在跟女生接触时，男生会出现回避、疏远、排斥等心理。一般来说，这种疏远要持续一年左右。

随着生理和心理的发展，男生对性知识产生浓厚兴趣，并且开始关注自身和异性的变化。

最显著的心理变化是——

从最初对女生的排斥，

转化为对女生的吸引及爱慕。

男生对女生由好奇产生好感，迫切希望接触，增加交往和了解。他们开始注重修饰自己的仪表和文饰自己的言行，希望引起女生的注意和好感。

随着青春期的男生逐渐走向性成熟，与女生的交往也逐渐多起来，并产生了较明显、较清晰的意识。他们对女生产生了浓厚的兴趣、渴望了解女生、渴望被女生青睐，并开始对女生产生了爱慕和追求的心理。

对自身性征发育的关注、与异性交往的体验、性冲动带来的各种心理状态，以及性价值观、恋爱观等观念的形成，构成了青春期男生性心理发展的主要历程。

目录

contents

青春期……

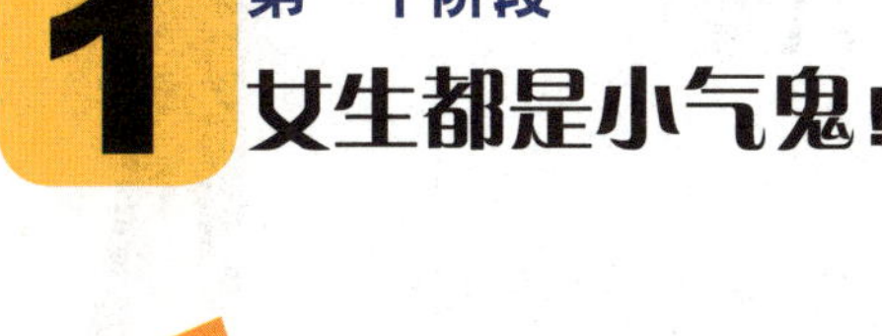

1 第一个阶段 女生都是小气鬼！

第一章 男生的那点儿小心思……

第二章 知“性”男生！

2 第二个阶段

男大也十八变！

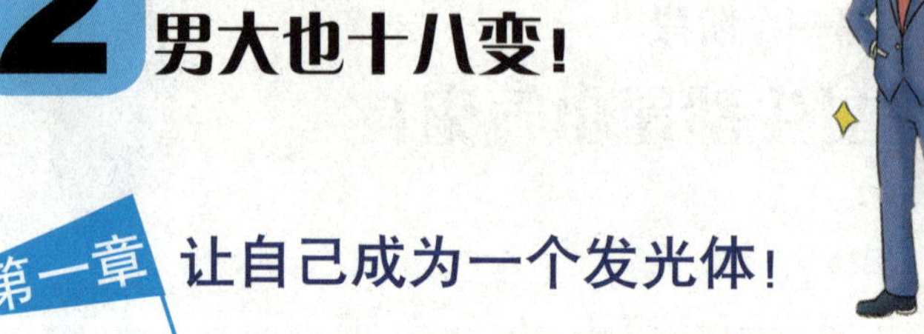

第一章 让自己成为一个发光体！

第二章 女生们，交往吧！

3 第三个阶段 恋人未满

第一个阶段

女生都是小气鬼！

晓阳的同桌是个女生，很娇气、爱较真儿。平时大大咧咧、没心没肺的晓阳，胳膊经常越界——占用同桌的“地盘儿”，有时甚至不小心碰到她的胳膊。为这，同桌跟他吵过几次，还跟他划定三八线，约定互不侵犯领土！

后来，只要晓阳越界，同桌就毫不客气地推他的胳膊，一本正经地问：“你办理出国签证了吗？”

第一章 男生的那点儿小心思……

这一天，正在跟一堆家庭作业较劲的晓阳，突然发现一个“不明飞行物”在自己眼前飞来飞去。他穿着奇怪的衣服，头上戴着一顶尖尖的帽子，脚上蹬着一双尖尖的靴子。他圆润的脸上，镶嵌着一双蓝宝石一样的眼睛，像星光一样璀璨，像湖水一样清澈，似乎能把人吸进去一样。他还有一对可爱的小翅膀，熠熠生辉……

晓阳万分怀疑自己是不是也和爱丽丝一样，进入了幻境，惊得瞪大眼睛。这时，“不明飞行物”悠闲地落在晓阳的书桌上，丝毫没有一个闯入者的自觉，也不怕吓到别人。

“嗨！我是精灵国的小王子，你叫我小精灵好了。”

晓阳好久才缓过神来，伸手掐了自己一把：疼！确定自己没做梦。晓阳此时无比庆幸自己有着一颗健康的心脏和强悍的心理承受能力。他不停地安慰自己：世界之大，无奇不有。

小精灵用无比新奇的眼神打量着周围的一切："我总想见识一下精灵国以外的世界是什么样子的，出来就发现，外面的世界更精彩！我都有点乐不思蜀了。"说着，小精灵看到了晓阳的手机，像发现了"新大陆"一样，兴高采烈地摆弄起来。

晓阳看着兴奋的小精灵，一边强迫自己接受他的存在，一边疑惑地问："小精灵，那你为什么会来我家呢？"

小精灵不客气地回了他一个"你真笨"的眼神："你们的世界虽然很奇妙，但也有很多危险。我可不想被当成怪物，然后被人抓来抓去。"

晓阳被鄙视了，继续"虚心"求教："所以呢？"心里似乎有了预感。

"所以？所以我决定暂时住在你这儿了！"小精灵露出八颗小白牙，标准的微笑。

晓阳头疼了，欲哭无泪："为什么是我？"

"你的窗户开着，我就进来了。"小精灵满不在乎地说着。

晓阳的嘴角直抽，说道："你就不怕我是坏人？要是我把你的事宣扬出去怎么办？"

小精灵憨憨地看着晓阳，萌得不得了："你会吗？"

晓阳抬头望天，错过了小精灵眼睛里一闪而过的狡黠。"好吧，我就发发善心，收留你好了。"不过看样子，自己就是不同意，他也会赖着不走的。

晓阳像是突然想到了什么似的，把脑袋凑过来，小声问道："小精灵，你会魔法吗？"

小精灵很“天真无邪”地反问道：“我会飞，算么？”

真是败给他了！晓阳气极。

这天，晓阳一放学回到家，就把书包随手一扔，气鼓鼓地坐在椅子上：“女生，真小气！”

可是，他等了半天也不见有人来安慰安慰自己。他扭头一看，发现小精灵正把他的变形金刚拆了重组，组了再拆，玩得不亦乐乎。

晓阳看小精灵忙得忘我的样子，真是一头黑线。几天相处下来，晓阳发现，小精灵还是个“机器狂人”。一见到电器、金属玩具之类的就两眼放光，晓阳的手机、平板电脑等，都没能逃过他的“毒手”。而且，管拆不管装，晓阳没办法，只好把它们锁起来。这不，他又把“魔爪”伸向了变形金刚。

晓阳咬牙切齿地看着小精灵："你若安好，便是晴天；你若安不好，便是晴天霹雳！"

小精灵这才后知后觉地看向晓阳，说道："你吃了火药了，口气这么冲！"小精灵的话就像一把火，瞬间把晓阳点燃了。

晓阳总算找到了一个倾诉的对象，准备历数"革命"心酸史。

"有什么苦水就向我倒吧！我已经把耳朵洗干净了！说吧！说吧！"小精灵的话和他的表情，让晓阳怎么都觉得他是在幸灾乐祸。

可晓阳实在太郁闷了，不吐不快。他开始"批斗"他的同桌——那个小气鬼。晓阳的同桌是个女生，很娇气、爱较真儿。平时大大咧咧、没心没肺的晓阳，胳膊经常越界——占用同桌的"地盘儿"，有时甚至不小心碰到她的胳膊。为这，同桌跟他吵过几次，还跟他划定三八线，约定互不侵犯领土！

后来，只要晓阳越界，同桌就毫不客气地推他的胳膊，一本正经地问："你办理出国签证了吗？"

当然，如果同桌越界了，晓阳也会以牙还牙地问："你办理出国签证了吗？"每当这时，同桌就理直气壮地问："那是你的书桌？你叫它，它答应你吗？"

"蛮不讲理！阿Q亲传弟子！唯女子与小人难养也！"晓阳一想就来气，"喂，能不能给点建设性的意见啊？看在你拆了我那么多东西，我都没计较的份上。"

小精灵不好意思地傻笑，然后像个军师似的做认真思考状，好一会儿，很小心地说：“不在沉默中爆发，就在沉默中死亡。要不，你也学阿Q，狠狠地欺负回来！”

“大前天的主意——真馊！”晓阳没好气地瞪了小精灵一眼，接着说：“哎，你不会是拿我寻开心吧？”

小精灵很不厚道地笑作一团。晓阳真的气闷了，转过头不再理会那个恶劣的家伙。

小精灵止住了笑，装做很正经的样子说：“看在我寄‘你’篱下的份上，就好心地开导开导你吧。虽然你签了一个不平等条约，可是，你男子汉大丈夫，干嘛跟一个小女生斤斤计较呢？”

“嗯，不跟小气鬼一般见识！”晓阳大度地说道，“可我还是忍不住生气！”……

1. 坚决和女生划清界线！

童年时，男生可以无所顾忌地和女生一起玩耍。上学结伴而来，放学结伴而去，路上你追我赶，互相打闹，亲密无间。

进入青春期后，男生对原本两小无猜、互相打闹的女生，忽然疏远起来，变得对性别很敏感。男生开始回避女生，很少主动和女生说话，男女界线“泾渭分明”。在家里，有的男生更愿意与爸爸或其他男性长辈亲近。

在学校里，男生对女生也表现出不屑一顾或全然不感兴趣的样子。下课时，男生扎一堆儿，互相交流玩游戏的体会，显出“男子汉”不够“大度”的一面。

男生很少和女生一起活动，即使在学校组织的集体活动中，男生也不愿与女生接触。个别男生与女生接触得多一些，就会遭到其他同学的攻讦。男生会嘲弄、起哄，女生会窃笑、讥讽。

对女生本能地疏远

胡须逐渐长出来、睾丸开始发育、下身长出阴毛……在青春发育初期，由于第一性征的变化和第二性征的出现，男生对性的变化特别敏感，并逐渐有了朦胧的性意识。他们由于对自身所发生的变化感到迷茫、恐慌、害羞，本能地对女生产生疏远与反感的心理。

生理上的变化，使男生不知所措，感到不安和羞涩，因而对女生采取冷漠的态度。在学习、活动和游戏中，男生和女生敌对情绪明显增强，很难协调。即使是“青梅竹马”的玩伴，男女界线也十分明显：女生就是异类，坚决不跟女生接触，嗯，没错！

可是，男生对性别差异很敏感的同时，也开始对神秘的两性关系产生强烈兴趣。女生到底跟男生有什么不同？为什么她们的身材会变得前凸后翘？为什么女人可以生孩子？

……

跟女生接触时，男生出现的这种回避、疏远、排斥等心理，是男生青春期性心理发展的第一步，称为暂时疏远期或性敏感期。一般来说，这种疏远要持续一年左右。

男生的小别扭

男生对女性的疏远表现在：

1.忽然对儿时的女生玩伴疏远起来

2.在学校里，男生与男生一伙

3.不愿意与女生靠近，与女生多说几句话，都会感到忌讳，怕引起非议

4.由于男女性格的差异，男生会觉得女生娇气、任性、气量狭小

5.很少和女生一起活动，即使在学校组织的集体活动中，也与女生保持距离

6.在家里，更愿意与爸爸或其他男性亲近

……

如果你具备以上三点特征，那你现在正处于异性疏远期哦！

闭锁心理

青春期开始，男生和女生生理上的差别日益明显。女生的声音变得尖细，胸部开始发育，出现月经初潮……而男生的喉结逐渐增大，声音变得低沉，睾丸逐渐发育，阴茎生长，出现遗精……

随着生理上的变化，男生的羞耻感也油然而生，他们会害怕别人看到自己身体长出的阴毛，小便、洗澡时遮遮掩掩；很多男生会因为遗精而变得不安、害羞。

因此，男生开始对女生短暂的疏远。他们尽量避免与女生接触，更忌讳个别交往，就好像女生是病毒一样，敬而远之。他们对女生不屑一顾，觉得那些女生总是斤斤计较，又小气又爱撒娇，还总喜欢跟老师告状、打小报告，真讨厌！男生们更热衷于足球、篮球之类的活动，那些女生玩的踢毽子、跳绳游戏，简直弱爆了！

男生的这种心理现象，是性意识萌发后所产生的闭锁性心理状态。

但是，男生步入异性疏远期要比女生稍迟些。在少年初期，男生对女生的疏远表现得最为强烈和明显，并持续到少年中期。

虽然男生也因自己生理上的变化而意识到男女有别，但由于这种变化不像女生那样显著，因而这种意识不是很明显，对女生的疏远也不那么自觉和主动。他们仍然会像童年时代那样，按照自己的意愿去从事自己喜欢的活动。

而当男生们明显产生羞涩感而企图主动、自觉地疏远女生时，女生已走出了异性疏远期，跨入了下一个时期——异性吸引期。

所以，男生在异性疏远期与女生疏远的情绪体验是不深刻的。甚至，很多男生还没有体会到与女生的疏离，就已经匆匆步入到异性吸引期了。

在小学低年级时，男生和女生亲密无间，学习上相互讨论，课间一起玩耍。可是到了小学高年级以后，男女同学之间就出现了“三八线”。你有没有经历过这样的事情？请把你的想法写在下面。

Q

现在，我再也不愿像小时候那样，整天缠着妈妈，也不愿把自己的心事跟她说，渐渐地与妈妈的关系变得疏远了。这是怎么了？

A

进入青春期后，由于自身生理的发育，性意识逐渐苏醒，男生对两性关系变得敏感起来。生理和心理的变化，使男生本能地对女生产生隔膜，甚至有的男生在家里不由自主地疏远妈妈。

不过，这种疏远是暂时的，也是正常的现象。随着男生生理的进一步发育和对性有了基本的了解，以及对自身和异性生理心理变化的理解和适应，他们会逐渐减弱这种疏离感，两性间的交往障碍也会逐渐消除。

2.敏感的学生时代

晓阳双手捧着书本发呆，半天没翻动一页，就连“百忙之中”的小精灵也无法忽视掉他脸上的“多云转阴”。小精灵故意在他面前飞来飞去，晓阳同学干脆无视。小精灵顿时内伤了。

“喂——，晓阳同学，你居然无视我这样强大的存在。我很生气，后果很严重！”

晓阳回过神来，无奈地看着小精灵说：“看在我好心收留你的份上，别烦我，好吗？”

“你不用刻意强调我寄人篱下的身份！咦，你什么时候这么多愁善感了？有什么不开心的事？说出来让我开心开心。”小精灵完全一副幸灾乐祸的口吻。

“我在思考一个严肃的问题。”晓阳终于“一雪前耻”，扔给了小精灵一个毫不掩饰的白眼。

“什么问题？”小精灵立刻被勾起了好奇心，“说说看，说不定我可以帮到你哦。”

晓阳虽然对此表示怀疑，但还是决定说出来，事情憋在心里太痛苦了。

原来，晓阳的一个很“铁”的同学要和一个女生一起主持学校里的元旦晚会。他们要经常一起商量细节、讨论台词，自然，他们接触的时间也多了起来。本来很正常的同学交流，在同学们的流言和非议中，却变得不堪。他们遭到了嘲弄和讥讽。那个女生成了大家眼里轻浮的坏女孩，而那个男同学也顶着巨大的压力。

“他是我的好朋友。看着他愁眉不展的样子，我也很难过。我就在想，是不是男生和女生应该老死不相往来？”晓阳很担心，“流言的杀伤力太强了。我真怕他从此怨天尤人，自暴自弃！”

本来打算看热闹的小精灵也沉默了，半天才吼出一句：“走自己的路，让别人说去吧！”

掩饰不安的心

一定要和女生划清界线！

和女生交往太不思议了！

……

青春期，随着生理的进一步发育，男生的性意识逐渐苏醒。他们开始意识到和异性之间性别的差异，内心产生明显的不安，开始本能地疏远女生。

在保守文化观念的束缚下，男生认为，性意识的出现和对异性的爱慕或好感都是不纯洁的心理和行为。两性间的亲近、交往是不可思议的，甚至是可耻的。

他们对两性间的接触持疏远和回避态度。因学习或工作需要，男生和女生接触时，也会感到拘束和难为情。

而且，男生和女生在一起常遭到同学的非议和嘲弄。这样一来，男生不得不掩盖和回避正处于朦胧状态的性意识。

当你与女生正常交往，却遭到了周围同学们的嘲笑议论时，你会怎么做？请把你的想法写在下面！

3. 男生的心，也海底针！

周末，晓阳爸爸的同事一家来家里做客。爸爸的同事的女儿比晓阳大几岁，是一个很漂亮的姐姐。看着那个姐姐，晓阳心里莫名的有些紧张。

晓阳不敢正视那个姐姐的眼睛，眼神躲躲闪闪，可又忍不住时不时地偷瞄她几眼。那个姐姐跟他聊天时，晓阳总摆出一副生人勿近、不愿多说的样子。虽然那个姐姐的每句话，他都认真在听。晓阳的心里一直在打鼓，希望那个姐姐注意到自己。可当她真的把目光转向自己的时候，晓阳又装作满不在乎的样子……

一整天，晓阳都不在状态，跟平时的自己完全两样，他自己都怀疑自己是不是吃错药了。

等到爸爸同事一家离开，晓阳突然有了一种四九年的感觉——解放了！回到自己的房间，他长长地舒了一口气。正在孜孜不倦研究电脑的小精灵，抬头看了一眼晓阳的样子，在心里直吐槽。

晓阳又叹气，小精灵看都懒得看他一眼了，嘴里嘀咕着：“装模作样！口是心非！”

晓阳抓狂地挠挠头说：“我也不想的，可我就是……”

小精灵难得煞有介事地说道：“你是不是因为害怕流言蜚语，就对所有的女生都避之不及？”

晓阳一怔，真的是这样吗？小精灵继续他的犀利言词：“可是你的心是向往的。”

晓阳：“……”

男生口是心非！

面对女生，会紧张地手足无措；

心里明明愿意和女生接触，可是表面却又摆出一副生人勿近的姿态；

……

在第二性征出现后的1～2年内，男生朦胧地意识到两性差别，开始有了不安和羞涩的心理，与女生正常交往时，会显得拘谨、冷漠、疏离。

但与此同时，男生也开始了对性的好奇心和求知欲，内心深处已经产生了接近和向往女生的愿望的萌芽，隐藏着想要与女生交往的动机。

可是，在传统观念的影响下，男生压抑着自己内心的真实愿望。一方面，他们十分重视自己在女生心目中的印象与评价；另一方面，他们却又表现得拘谨和冷淡。

尽管他们内心对女生很感兴趣，但表面上却又有意无意地表现得好像无动于衷、不屑一顾的样子。

他们有时表现得十分讨厌男女交往，但有时又很希望自己能体验体验……这些矛盾的心理，使男生的内心不断地产生冲突与苦恼。

进入青春期以后，男女同学之间的关系会显得很微妙，如果有男生和女生走得近，就会有人在背后指指点点。你是怎样看待这种情况的？请将你的观点写在下面。

第二章 知"性"男生！

1.绰号“小蹦豆”！

晓阳放学回家后，经常会跟小精灵八卦一下学校里的趣事。只有这时，小精灵才会稍稍转移一下注意力，暂时放过晓阳的那些宝贝。

在学校里，男生除了踢球，现在又有了一个新的业余爱好——给同学起绰号。晓阳还是他们中的领军人物，给同学起绰号最活跃、最积极，也最有灵感。

这天晚上，晓阳又唾液横飞地跟小精灵侃侃而谈：“我们班里有个男生，长得特彪悍，我们就叫他‘冷面杀手’；还有个男生平时做事稀里糊涂，总是犯晕，我们送他外号‘小晕哥’；有个女生又矮又瘦，大家给她起外号，叫她‘小不点儿’……除了同学，我们也给老师起外号，学校里有几个老师监考时特别严格，被称为‘四大神捕’……”

小精灵皱了皱眉，没说什么，充当木头人。

谁知，第二天晓阳一回家脸上就阴沉沉的：“哼！今天有个女生居然叫我‘小蹦豆’！她说我个子小，还总是上蹿下跳。”

小精灵乐了：“己所不欲，勿施于人。”

“说什么！”晓阳看着小精灵乐不可支的样子，瞪着他，“别忘了你现在是在谁的屋檐下！”

小精灵挤眉弄眼，冲他做鬼脸，没有一点儿“人在屋檐下”的自觉。

男生似乎一夜之间长大了！

嘴巴四周长出了一些细细的绒毛，喉结也凸出来了，声音也变得粗哑……可是，为什么女生没有呢？

随着生理的发育，处于青春期的男生心理也逐步发展。性心理的变化，使男生对性产生了强烈的好奇心，急切地想了解与性有关的知识。

他们对成长充满了好奇，非常关注自己及周围同龄人的发育变化。他们心中有很多疑问需要解答，很想知道发生在自己身上的变化是否正常。

这时候，男生好像一夜之间长大了，原来调皮捣蛋、不修边幅，现在开始注重修饰自己的仪表和文饰自己的言行，不但穿着整齐，而且举止大方。他们会下意识地留意同龄人的高矮胖瘦、形体面貌，然后暗暗跟自己比较。

可是，男生对自己身上发生的变化，并没有足够的思想准备和相应的知识，因此常常患得患失。

如果因为自己的相貌和生理缺陷而被别人取笑，甚至被起绰号，你会怎样面对？你觉得外在美和内在美哪个更重要？

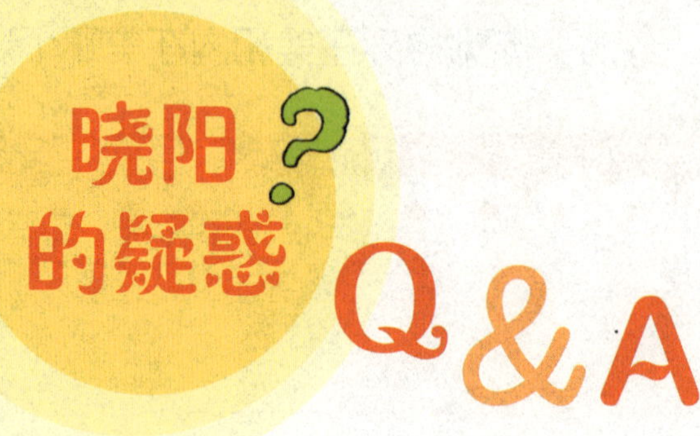

Q

学校里好多男生都长得高大帅气，而有的男生却发育缓慢，个子矮小，还像个小孩子似的。这是为什么呢？

A

男生进入青春期以后，身体逐渐发育。雄性激素及其他腺素的分泌，使男生慢慢地出现第二特征，身高也在快速增长。

男生在23岁之前都是发育期。有些人发育得快一些，有些人发育得慢一些。所以发育缓慢的男生还有机会长高。

但是，由于遗传、营养、环境等因素的影响，也会使得有些人长得高一些，有些人长得矮一些。

2. “性”是什么？

生理卫生课上，老师交代，这节课大家看书自学。晓阳和其他同学一样，偷偷地把那几页关于男生和女生不同发育特点的内容看了几遍。看完之后，大家都脸红红的，感觉很尴尬，也不敢提出疑问。

下课后，晓阳内心始终不能平静，想知道更多……不经意地想起书上的内容，脸上又开始发烫。

回到家，晓阳一直心不在焉。怎么办呢？想到小时候，问妈妈自己是怎么来到这个世界上的。妈妈开玩笑说是树上结的、石头缝里蹦出来的。晓阳现在想想就觉得一阵恶寒。

问老师？还是算了吧，真不知道怎么开口。要不，跟同学探讨探讨？他们又知道多少呢，对不对还是个问题呢。

小精灵看晓阳一会儿皱眉，一会儿摇头的样子，实在看不下去了，就问："晓阳同学，又被哪个女生'欺负'了？"

晓阳瞪向小精灵："我长得像个'受气包'吗？别捣乱，烦着呢！"

小精灵的好奇心被勾起来了，赶紧凑过来："烦什么啊？一人计短，两人计长嘛！我帮你参谋参谋？"

晓阳才不指望小精灵这个"扮猪吃老虎"的家伙能给他解惑，不过逗一逗他，还是蛮有成就感的。

"你知道自己是怎么来到这个世界上的吗？你知道是什么决定了你的性别吗？你知道……"一连串的疑问，问得小精灵一个头两个大。

小精灵很认真地想了想，说："我妈妈说，我是蛋里孵出来的！"

晓阳忽然有种想去撞墙的冲动。

小精灵眼睛骨碌骨碌转着，忽然想起来，笑着说："笨！你去翻翻书，或者上网搜搜看嘛！总能查到的。"

晓阳眼睛一亮："对啊！我怎么没想到！"

越遮越掩，越神秘！

进入青春期后，男生与女生的身体都开始发生变化。

男生会长出胡须，睾丸、阴囊及阴茎开始慢慢发育，会有性冲动……

女生胸部开始发育，身体的脂肪会变多，会出现月经初潮……

这些变化，让男生女生们迷惑恐慌。他们迫切地想知道更多的关于“性”方面的知识。

然而，国内中小学校对学生的性教育不够重视。教科书中涉及的也仅仅是性生殖器官的介绍、不同的生长发育特点等简单知识。有些授课老师在上生理卫生课时直接跳过了“性知识”章节，性教育的内容和方法也比较陈旧。

“这种问题，当父母的怎么好跟孩子谈论呢？”

“小孩子问这么多做什么！”

“该知道的时候就会知道了。”

……

多数家长对性的话题，要么难以启齿，选择躲闪逃避；要么视如洪水猛兽，禁止孩子了解性方面的知识；要么干脆不闻不问，对孩子放任自流……

学校敏感，家庭回避，男生女生们获取性知识的渠道不够通畅。

然而，人都是有好奇心的。当某一事物被禁止时，最容易引起人们的好奇心和求知欲了，尤其是在只做出禁止而又不加任何解释的情况下，更容易让处于青春期的男生女生们对“性”产生浓厚的好奇心和神秘感。

当某一事物被禁止时，最容易引起人们的好奇心和求知欲了。

“性”，无孔不入！

正处于青春期的男生对“性”产生了强烈的好奇心和求知欲。当无法从家长、老师那里了解到正确的性知识和性观念时，他们会从报纸杂志、电视广播、虚拟网络等各种途径来寻找答案。

影视剧的侵蚀。很多影视剧为了追求票房和收视率，不可避免地出现大尺度镜头。这些镜头会让正处于青春萌动的男生们心潮澎湃。

网络的无孔不入。网络是一个隐蔽的小社会，它功能强大，无所不包。男生们可以在网络上搜索到无数与“性”相关的文字、图片、视频等资料，还有不时弹出来的广告和链接。“性”时刻围绕在男生身边。

黄色传媒的荼毒。虽然专业的书籍讲述系统科学的性知识，但是市场上仍然存在着书刊、录像等充满色情和暴力的黄色传媒，毒害人的心灵。

精神上的毒品

青春期的男生，性意识逐渐觉醒，对性知识充满了好奇心和求知欲。但他们对性问题的辨别和认识能力却不够，道德观念和法制观念淡薄，自控能力差。

文化市场大量存在着的反映暴力、淫秽内容的书刊、录像、电影等。青春期的男生在缺乏正确引导下，很容易把其中的暴力、淫秽角色作为榜样来学习。

各种宣传色情、淫秽、暴力的声像制品，追求视觉和听觉刺激，特别强调性器官或是一些极端的性行为，而且会让人看上瘾，继而想要寻找更加刺激的内容。青春萌动的男生很容易沉迷其中。

事实上，青春期男生很难区分哪些是正常的，哪些是不正常的。长此以往，会使他们原本自然、健康的性走向畸变，从而影响他们对异性的看法、处理两性关系的态度，以及恋爱观的形成。这些黄色文化制品像毒品一样，摧残着他们的精神和心理，给身心健康带来严重的不良影响，甚至会引发一系列社会问题。

大量反映暴力、淫秽内容的书、录像、电影等，使男生很容易沉迷其中。

Q

“长大以后，你就知道了。”当孩子问起与性有关的问题时，家长常常拿这句话来敷衍应付。青春期的男生，应不应该了解性知识呢？

A

青春期的男生懂得人体的一般生理知识，了解“性”，可以使他们解除生理和心理上的困惑，从而使身心健康成长。

如果他们不能通过合法、正当与科学的途径获得自己所需要的性知识，就会迷茫、无措，因性知识的隐秘而引发神秘感，就有可能因为好奇，进而去探索和尝试，从而误入歧途。

要使男生们走出禁忌、蒙昧、扭曲的困扰，理性客观公正地看待性问题，最有效的方法就是破除性的神秘，普及性知识。

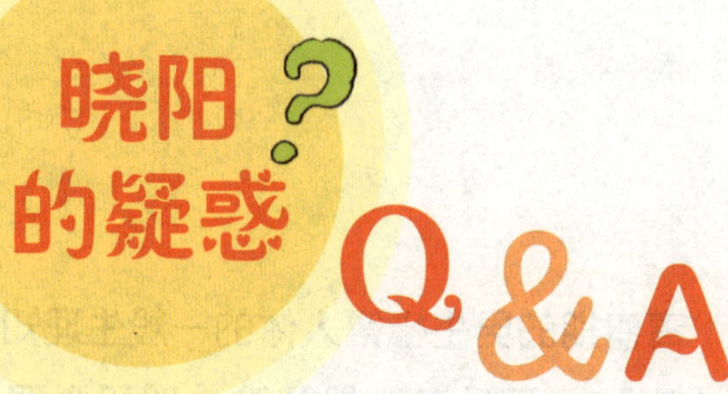

Q

有的男生有“短小情结”，为自己阴茎发育的大小而感到苦恼。男生之间也喜欢以此互相取笑。因此，一些男生会产生自卑心理。怎样正确面对这个问题呢？

A

男孩在青春期，最容易忧虑阴茎的大小。其实，阴茎的长短与种族、家族、遗传，以及青春期营养状况、地域、个体差异等有关。阴茎发育的早晚，形态的大小，因个体的不同会存在一定的差异性。但不管大小长短，性器的形状不会影响男性功能。

年轻的男生，不必为此过于紧张。因为无知造成不安，因为不安引起自卑，怀疑自己太小、太短等，这种心理不过是庸人自扰。

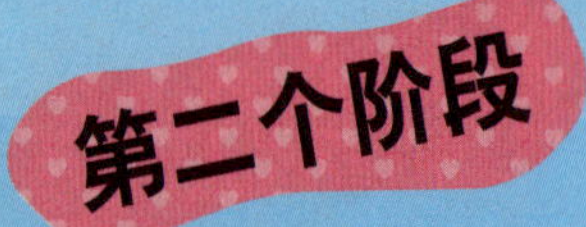

男大也十八变！

上小学时，看到女生就烦，觉得她们小气、刁蛮、任性不讲理。上了初中以后，想法不知不觉地就变了，开始有意无意地关注周围的女生。

第一章 让自己成为一个发光体！

1. 那些女生似乎也没那么烦……

在上小学时，晓阳看到女生就烦，觉得她们小气、刁蛮、任性不讲理。上了初中以后，晓阳的想法不知不觉地就变了，开始有意无意地关注周围的女生。

最近一段时间，晓阳同学一改过去不愿和女生接触的“习惯”，开始主动与班上的女同学攀谈。有的女生需要做一些搬动桌椅等较重的体力活时，他总是积极地上前帮忙。有时在路上遇到认识的女生，他也会迎上去打招呼。

在集体活动中，只要有女生在场，晓阳就觉得特别开心，像打了鸡血似的兴奋。和女生一起做事时，晓阳总会尽自己最大努力做到最好，女生一个肯定的眼神都能让他高兴好久……

为此，晓阳遭到了男生们的嘲弄和哄笑。后来，晓阳也为自己的举动感到一阵脸红。

是不是要像以前那样，与班上的女生保持距离？晓阳左思右想，好纠结！

在一旁摆弄摄像机的小精灵看晓阳的表情，就像四川变脸似的。小精灵已经见怪不怪了，决定无视。

“小精灵，你们精灵国的女生都长得什么样子？你会和她们在一起玩吗？”晓阳问道。

小精灵想了想，说：“我们那里的女生很可爱的，她们很喜欢跟我玩儿。说起来，都有点儿想她们了。”

“不会遭到别人的非议吗？”晓阳继续问。

“我是小王子，他们谁敢！”小精灵下巴一扬，摆出一副王子范儿。

晓阳：“……”

“咦，你以前不是和女生老死不相往来的吗？怎么，现在开始发展‘双边友好关系’了？”小精灵戏谑地看着晓阳。

晓阳被他盯得心里发毛：“我……其实，那些女生……也没那么讨人嫌……”

对面的女生，看我！

在青春期，随着对生理发育和性的逐步了解，男生对女生的冷漠与疏离感逐渐消失，转化为对女生的吸引及好感。一般在13、14岁以后，男生的性心理发展进入到异性相互吸引的重要阶段。

这时，男生对女生产生了浓厚的兴趣，他们渴望了解女生，渴望被女生青睐。青春期的男生总是变得喜欢表现自己，希望引起女生对自己的注意。

有的男生乐于在女生面前显示自己的能力和才华，以赢得女生的好感和赞许；有的男生以逞强、喧闹或试探的形式来显示自身的存在。他们开始注意修饰自己的仪表，讲究发式、服装等，开始注意自己的行为举止。他们寻找并创造机会与女生一起参加集体活动，喜欢结伴外出郊游、唱歌或参加体育锻炼等，并对女生表示关心、体贴，乐于帮助女同学以博得她们的好感。

男生开始注意倾听、理解、揣摩女生的言谈、举止、心情和情绪，对女生的议论、品评也明显增多。同时，他们也留心女生对自己的评价。“在女生们的眼中，我是不是很帅呢？”“她们是怎么看我的呢？”而且，他们不愿意在女生面前受到批评、指责。

男生非常希望与女生交往，在共同的活动中可以相互了解，相互接近，建立好感。但是，他们毕竟还不懂得如何与女生相处，在接触交往过程中，大多没有专一性和排他性。

因为世俗观念、外界的舆论，以及对自己的行为缺乏必要的信心等原因，男生在和女生交往中往往会伴随着一种紧张感，甚至会在女生面前失态或者做一些傻事。

女生们，郊游吧！

处于青春期的男生，进入异性相互吸引阶段后，会对女生产生浓厚的兴趣，他们开始关心女生，关注女生。交往和接触的人群，也不再局限于同性。男生们愿意接近女生，表现在：

1. 专注于某一个女生或某一群女生
2. 关注女生的样貌举止
3. 几个男生常在一起，互相交换对女生们的看法，谈论自己关注的女生
4. 乐于和女生一起参加郊游、聚会，以及各种社会活动
5. 在女生面前往往显得过于紧张、兴奋，有时表现得笨拙、失态
6. 制造和女生接触的机会
7. 乐于帮助女生解题、出主意

……

2. 扮帅装酷的男生！

妈妈最近发现，晓阳从起床到出门上学这段时间，总是霸占着镜子摆弄头发，有时，甚至把头发弄得像刺猬一样竖起来。别人不小心挡住他的视线，他还口气很不好地叫人走开……这样的晓阳，让妈妈很伤脑筋。

妈妈带他去理发，晓阳更是不情不愿。到了理发店，晓阳跟妈妈的意见也是不一致，这让发型师很是为难。

原先衣服拖拖拉拉、头发乱七八糟的晓阳，不知从什么时候开始，在书包里有了小镜子、小梳子，头发被梳得整整齐齐。而且，他对衣服的质料、款式等也开始挑剔。

晓阳变得特别在意自己的外表，时常模仿偶像明星的服饰搭配。在学校里，虽然学生只能穿统一的校服，但是晓阳总是让自己穿的鞋子、袜子甚至书包挂件都与众不同，以此来显示自己的个性与特别。

这样一来，晓阳把过多的精力放在穿衣打扮上，越来越没心思学习了。上课跑神，有时连作业也写得马马虎虎。因此，晓阳的学习成绩一落千丈。

老师找他谈话，做思想教育工作，妈妈跟他唠叨，担心他变坏了……

晓阳烦不胜烦："哪个男生不希望自己很帅很酷，被女生喜欢？我有什么错？"

小精灵头也不抬，继续摆弄手里的零部件，淡淡地说："注重外表不是你的错，但是因此忽略了学习就是你的不对了。晓阳同学，不要忘了你还是一名学生哦！"

“奇怪了！小精灵居然也学会讲大道理、教育别人了！”晓阳觉得好笑。

“那是因为，你妈妈几乎每天都要摇头叹气念几遍，我都能背下来了！”

小精灵的话，成功地打击到了晓阳，顿时泄气了。

爱美不是女生的专利

爱美之心，人皆有之！这可不是女生的专利哦！处于青春期的男生，也表现出了爱美的倾向。他们开始对自己的体貌形象格外地注意，对服饰、发型也开始用心琢磨。原先不修边幅的男生，也开始在书包里装小镜子、小梳子，头发梳得整整齐齐。脸上长了一颗小痘痘也要在镜子前横照竖看，唯恐影响了自己的美观。对衣服的质料、款式等也开始挑剔。

其实，青春期的男生爱美是正常现象。他们进入青春期以后，面临自我意识的第二次飞跃，表现出了强烈的自我关注，主要表现为关注自己的形象，强烈渴望了解自己的体貌，并喜欢在镜子中研究自己的相貌、体态。

同时，青春期的男生，性意识朦胧觉醒，对女生产生了好奇与好感。于是，他们开始关注自己在女生眼中的形象，希望自己能够引起女生的注意。因此，他们会更加注重自己的仪表，甚至刻意地装扮修饰自己。

此外，青春期的男生也渴望自己像明星一样耀眼，追求时尚前卫，效仿明星的装扮举止。这也体现了他们对“理想自我”的追求。甚至，有些男生会穿着奇装异服，染着五颜六色的头发，打着耳洞……把自己打扮得很另类。

美少男修炼宝典！

男生爱美不是错，但是，美并不只是体现在英俊帅气的外表上，也不能用高矮、胖瘦来衡量。气质与涵养给人带来的美感，才是最有魅力的。

一味追求表面的光鲜亮丽，是虚荣。而如果是为了所谓的“面子”，害怕别人看不起，就在穿着打扮上互相攀比，而不顾经济条件是否允许的实际情况，就是不自信的表现。

虚荣心和不自信都是建立在自卑的基础上，因此才非常在意自己在别人眼里的形象，总是不由自主地掩盖自己，让自己变得和别人一样或比别人更优越。

然而，这样并不能让我们真正感受到内心的充实和快乐，带给我们的只能是无休止的烦恼。

男生们，加油吧！摆脱虚荣心，强大自信心。认可自己的容貌，承认自己的不足。调整爱美的心态，以学业为主，努力丰富自己，提高自己，提升自己的内涵和修养，自己一样可以变得耀眼夺目！

努力把自己炼成气质型美少男，由内而外散发属于自己的光彩！

当你因为外在形象而被否定、遭受冷遇、受到不公平对待时，你会怎么做？请把你的想法写在下面。

Q

很多青春洋溢的男生，喜欢标新立异，把自己装扮得时尚另类。注重自己的外貌形象，不对吗？

青春期的男生，对自己的外貌形象很关注，常常在外表上标新立异。男生应该认识到，标新立异不一定就是美，应当根据自身的情况进行穿着打扮，找到适合自己的美。恰当的爱美之心会增加自信心，能够信心百倍地去对待学习和生活。可一味地追求外在美，忽略了内在修养，最终也只不过是“金玉其外，败絮其中”罢了。

3.我的青春，我的偶像……

上了初中以后，晓阳觉得自己长大了。曾经爱不释手的童话书、故事书干脆束之高阁；对曾经喜欢的不得了、不吃饭也要看的动画片也嗤之以鼻。每当小精灵看动画片笑得没心没肺时，晓阳都不以为然地嗤一声“幼稚”。

现在的晓阳，迷上了青春小说、校园漫画，沉浸在美少男、美少女云集的韩剧和台湾偶像剧当中。当同学们扎堆儿谈论明星八卦时，晓阳也会兴高采烈地加入。

晓阳超级喜欢一个美少女偶像组合，把她们当成了梦中女神，对她们的八卦新闻如数家珍；对她们的身高、体重、生日、爱好也都了如指掌；房间里贴满了她们的海报；只要有她们参演的影视剧，晓阳就一定捧场；谁要是说一句她们的坏话，晓阳就面红耳赤地跟人争辩……

情感寄托

随着男生性意识的发展，他们对女生的情感也日益丰富。在与女生的接触中，他们会逐渐产生懵懂的好感，产生朦胧、浪漫、不切实际的期望与幻想。

这一阶段，男生一般不会将对女生的这种情感长期集中在一个特定的对象身上。他们会逐渐形成自己的欣赏标准，或美丽大方，或活泼可爱，或洒脱利落……并且，在脑海中幻想最符合自己审美标准的女生形象。

理想中的人往往只存在十幻想之中，那么与幻想最接近的就是社会推出的公众人物，尤其是青春、美丽的偶像明星们。

男生往往把对女性的幻想转移到明星身上，编织一个个美丽的梦境，产生无限遐想，满足自己的心理需求。

不要迷失了自我！

“哈，××好漂亮啊？”

“××的眼睛好迷人啊！”

……

崇拜明星的现象，在处于青春期的男生中很普遍。很多男生将明星无限地美化，对他们的崇拜也无限地放大。

然而，很多男生崇拜明星，往往只是看到了明星外在的光环、光鲜亮丽的外表，比如动人的歌声、高超的演技、美好的形象……可是，他们却看不到明星们背后付出的艰辛和努力，看不到明星们身上的缺点和不足。

明星可以喜欢、可以崇拜。但是，如果盲目地追星，把“星”作为自己崇拜的偶像，作为自己人生的航向标，一味活在对偶像的幻想中，那就会失去自己的生活重心，使自己的生活偏离。

如果不能恰当地处理这种崇拜，就容易使男生们走向极端。这不仅会影响自己的生活和学习，甚至会对自己和家人造成伤害。

所以，男生追星要适可而止，一定要保持理性，不可过度迷恋。

明星也有不足和缺陷，明星为了事业成功也付出了艰辛的努力。如果男生能够明白这一点，将明星为事业而努力奋斗拼搏的精神品质作为榜样来学习，不断提高自己，激励自己奋进，那么追星也不是一件坏事。

若是能够处理好这种崇拜，会对男生的成长有益处。

男生不要因为崇拜明星而影响了自己正常的学习和生活，将这种崇拜化为一种奋发向上的力量，这样的追星才是理智的、有意义的。

第二章 女生们，交往吧！

1. 异性缘与同性缘

晓阳很喜欢文学，和班上一些女同学很有共同语言，在女生圈里很能聊得开。晓阳觉得她们感情细腻，想象力很丰富，一些见解很独到，给了自己很多启发。她们没有男生那么大大咧咧，粗心大意，晓阳和女生们在一起，体会到了和男生相处时所没有的感受。

可是，晓阳却发现，原本和他很铁的男生们不再像以前一样跟他亲密了。他和他们之间似乎有了缝隙。有些男生还用怪异和不屑的眼神看他，甚至在背后诋毁他不像个男生，总爱往女生堆儿里扎。

晓阳怎么也没有想到，和女生玩在一起，竟然给他带来这样的麻烦，引起这么多的非议！老师找他谈心，谆谆教导他不要早

恋；爸爸妈妈软硬兼施“教育”他，要以学业为重……面对他们的“轮番轰炸”，晓阳莫名其妙：“我又没做什么。”

“谁让你有异性没同性！”小精灵一副“我很同情你”的样子。

喜欢和女生在一起

青春期的男生开始明显地感觉出对女生的好感，愿意与女生在一起。

对女生产生好奇，喜欢接近女生，是进入青春期的男生的正常表现，是性意识发展到一定阶段必然产生的心理。

进入青春期后，男生体内的性激素含量激增，产生了接近异性的需要和愿望。

可是，很多男生会产生疑问：我可以和女生交往吗？大家会不会嘲笑我？

……

其实，男生产生和女生交往的需要和愿望不是错误的、不健康的，反而是正常的、健康的心理表现，就像吃饭、睡觉、出生和死亡一样普通、自然。

男生喜欢、愿意亲近女生，不是轻狂、下流的表现，男生们完全不必害怕、拘谨、压抑自己。

遭到男生群体的排斥！

男生愿意接近女生是性生理和性心理走向成熟的必然结果，是一种正常的自然表现。

然而，中学时代，异性同学关系是一个很敏感的话题。如果男女同学之间的交往处理不当，会影响和妨碍他们的身心健康，带来情绪和行为上的困扰。

当一个男生异性缘很好，有很多女生朋友，而同性缘又恰恰很差时，就很容易遭到其他男生的共同排斥。

男生朋友，女生朋友！

同性缘与异性缘的好坏主要是由性格决定的，内向的人不太擅长与异性相处交流，而外向的人更能博得异性的好感。因此，有的人同性缘好，有的人异性缘好。

不同的爱好，也是造成同性缘与异性缘好坏的原因之一，比如有的男生喜欢文学，因此会受到多愁善感的女生的欢迎，异性缘就会比较好。

男生交朋友时，不必太在意同性与异性之间的差别，合得来即可。也没必要为了交到更多的朋友，而改变自己的个性。

但是，男生们也不能因为各自的喜好，就只和同性交往或只和异性交往。只和同性交往或只和异性交往，都是不正常的人际交往，会造成人际交往障碍，不利于健全人格的形成。

同性缘与异性缘的好坏主要是由性格决定的。

不同的爱好，也是造成同性缘与异性缘好坏的原因之一。

当你看到男生与女生同学正常交往时，你会用什么态度看待？觉得这很平常？心存疑问？故意大肆宣扬？……请把你的想法写在下面。

Q

有人认为，男生还不成熟，不懂事，不具备与女生交往的条件。因此，有的男生只好偷偷地与女生交往，不敢让老师和家长发现。青春期男生不可以与女生交往吗？

与女性交往是青春期男生心理发展的正常需要。人为地将异性交往神秘化，把异性交往划为禁区，使男生压抑自己的内心需求，这对他们正常的异性交往非常不利。

青春期男生虽然还不成熟，但是与异性交往也是需要的。与异性之间的正常交往，是男生走向成熟的一条重要途径，有利于男生个性的全面发展。只有同性朋友的男生，往往缺乏健全的情感体验，不具备与异性沟通的社交能力，社交范围和生活圈子也会比较狭小，人格发展不甚完善。

2.好像有点儿喜欢她……

一天，晓阳在自习课上看青春校园小说。为了防止老师的突击检查，晓阳便把课本放在小说上面做掩护，还时不时地用眼角余光巡视周边环境。偶然间抬头，恰好与同排的一个女生的视线撞到一起，两人会心一笑，心照不宣。

这一视一笑，在晓阳心中激起了一阵小小的涟漪。从那以后，晓阳的视线总是不由自主地追随着那个女生。晓阳常常寻找机会与那个女生说话、讨论问题。后来，两人越来越熟，在一起的时间也越来越多，还会在一起嬉戏打闹……

这一切自然逃不过同学们那一双双"雪亮"的眼睛。很快，关于他们俩早恋的传闻便流传开来……

不久，这话就传到了老师和家长的耳朵里。接着，老师紧急"召见"，责令他们写检讨；爸爸妈妈召开"批斗大会"，严厉申斥，要他们不再往来；同学对他们更是指指点点……一时之间，他们变成了坏学生的典型。

虽然晓阳没有谈恋爱，但他为了平息流言蜚语，还是写了检讨、下了保证，与那个女生不再来往。晓阳总觉得对不起她，而且心里总有她的影子。

这天，晓阳把自己关在房间里，谁也不理。小精灵敏锐地感觉到了空中的低气压，可是也不知道怎样安慰他，只好乖乖呆在一边，降低自己的存在感。

晓阳觉得胸中有一口气，不吐不快：“我和她在一起很开心，可是我们真的只是朋友，为什么人们总想得那么复杂呢？”

“那你解释清楚不就好了？”小精灵声音低低地反问。

“解释有用的话，我就不必这么烦了。算了，别人愿意怎么想就怎么想好了。”晓阳很想为自己鸣不平，可又无能为力，这种感觉糟糕透了。

好感不一定就是爱情！

青春期男生对女生产生亲近、向往、眷恋等心理，是青春初期男生心理开始躁动的一种具体表现。他们与女生的交往，很多都是出自本能的需要，并不是人们所特指的“恋爱”。

青春期男生很容易对女生产生朦胧、神秘的爱慕之情，这是既美好纯洁又幼稚的情感体验，也是不深刻、不稳定的。往往在时过境迁或冷静下来之后，他们会发现：令人心动的不一定就是爱情！那时所谓的“爱情”，只不过是好奇心、钦佩感而已。

青春期，男生、女生之间的交往绝大多数都不是“恋爱”。

而人们却往往把这种躁动心理误认为是“早恋”，一旦察觉，便采取措施，横加干涉。结果适得其反，对他们造成心理伤害，引起他们的叛逆心理，真的把好感变成了早恋。

与女生交往是长大以后的事？

有人认为，青春期的男生还是学生，主要任务是读书学习，与女生交往分散精力，影响学习。因此，与女生交往应该是长大以后的事。

这种说法显然是错误的。

学生的主要任务是成长，但学会与人交往，也是青春期男生成长过程中不可或缺的一门功课。

这门功课虽然不在升学考试科目之列，却是他们一生的必修课。因此，与女生交往并不是“长大以后的事”。相反，如果等到男生离开学校走上社会以后，才开始学习与女生交往，就很可能因为缺乏锻炼而造成人际交往障碍。

家长或老师对异性同学交往的过敏反应，常常使男生承受巨大的精神压力，导致精力分散，影响学业。与异性同学交往愉快的男生，往往情绪饱满、精力充沛，学习和工作的效率都很高。因此，与女生交往本身并不会对他们造成负面影响，相反还可能起到积极作用。

与女生交往，很容易发生早恋？

有人认为，与女生交往很容易发生早恋，使男生犯错。

虽然，男生与女生交往的动机多种多样，但是，他们大多并不是为了谈恋爱。虽然青春期的男生女生还不成熟，容易冲动，但是他们都有正常的自我保护意识和自制能力，在恋爱问题上一般也会比较慎重。

事实上，青春期的男女生之间的交往，大多是出于对友情的需要。学生时代的异性朋友交往，往往是没有参杂社会人际关系的纯洁的友情，是一生都难以忘怀的青春岁月。另外，青春期的异性交往是出于好奇心。男生对女生充满了好奇和神秘感，与女生的交往正好可以满足这种好奇心理。

3. 异性效应

男生与女生之间的良好交往，有助于消除异性间的神秘感和紧张情绪，增进男生与女生的团结和友谊，促进青少年身心健康发展。

进入青春期的男生，性生理上的急剧变化引起了心理上的一系列微妙而复杂的反应。在同女生的交往过程中所产生的愉悦的情绪体验是一种良好的、积极的情绪体验，它对男生的身体健康和心理活动会产生很大的影响，可以激发男生们的潜能，使他们奋发向上，这就是“异性效应”！

“异性效应”的表现是，在有两性共同参加的活动中，男生一般会表现得更积极、更出色，也会感到更愉快。这是因为，异性间的心理接近需要得到了满足，因而使男生获得了不同程度的愉悦感，并激发起他们内在的积极性和创造力。因此，异性交往，益处多多！

丰富和完善个性

进入青春期以后，由于性激素的分泌和第二性征的出现，男生的身体外形及体内机能都发生了很大的变化。

这一变化促进了男生性别角色认知的发展，与女生心理上的差异越来越明显。男生往往性格开朗、勇敢刚强、果断机智、不拘泥于细枝末节。当然也有的男生骄横粗暴、逞强好胜。女生则往往感情细腻丰富、举止文雅，但也常常胆小怯懦、优柔寡断。

男生与女生的交往，容易发现对方的长处和自己的不足，有利于相互学习，取长补短，丰富和完善自己的个性。

交往范围越广泛，精神世界就会越来越丰富，有许多同性和异性朋友的人，性格相对来说会比较豁达开朗，情感体验比较丰富，个性发展也比较全面。正是由于多方面的交往对象的个性渗透和反馈，才丰富了他们的个性。反之，只在同性圈子里交往，人的心理发展往往比较狭隘。

提高学习与工作效率

男生和女生在智力上虽然没有高低之分，但思维方式却不同。但是，男生在思维方式上偏重于抽象化，概括能力较强，大多比较喜欢数学、物理、化学等学科；女生在思维方式上多倾向于形象化，观察细致，富有想象力，大多喜欢语文、地理、历史等学科。

因此，男女同学在一起学习就可能相互启发，使思路更加开阔，思维更加活跃，思想观点相互启迪，往往能触发智慧的火花。在集体活动中，男女同学相互交往，思想交融，也能取得更好的效果。

通过交往，男生和女生可以从对方那里取长补短并激励自己奋进，可以激发出自身的潜能，从而提高自己的智力水平和学习效率。

增进友谊和团结

人际间的情感是非常丰富的，除了爱情之外，还有亲情、友情、敬爱之情、感激之情等。男女之间可以有不带爱情色彩的情感交流，它可以使人感到温暖，达到心理上的平衡。

一般来说，女生的情感比较细腻温和，富有同情心；男生的情感粗犷热烈，且比较外露。男生向女生吐露自己的不幸和难堪，可以在同情声中平静下来；女生向男生诉说自己的犹豫和愁苦，可以在鼓励声中振奋起来……

这种异性间的情感交流是微妙的，是在同性朋友身上所得不到的，可以形成一种愉快喜悦的氛围，增强集体的凝聚力，有助于消除男生进入青春期后所产生的烦恼和对女性的神秘感，使男生女生之间的关系正常化，在集体交往中形成纯洁的友谊。

异性间的情感交流，有助于消除青春期男生对女生的神秘感，使男生女生之间的关系正常化。

促进心理健康

男生与女生交往，可以满足心理需求，达到心理平衡；反之，缺乏与女生的交往，或长时间不敢与女生接触，容易造成自己在女生面前怀有自卑感，产生胆怯、不满等心理，发生性心理扭曲。

所以，青春期的男生不要因为别人乐于在女生面前表现自己，就认为对方轻狂、品质有问题，也不要因为自己时常关注女生、想了解女生，就感到内心不安。

男生与女生加强交往，增进了解，可以淡化男生对女生的好奇心，掌握友谊与爱情的区别，从而更稳妥地把握自己的情感。

激励自己奋发向上

青春期的男生由于性意识的发展，往往非常留心女生的一举一动，喜欢对女生品头论足。

同时，他们也希望引起女生的关注，希望能以自己的某些特点或特长受到女生的青睐。同时，男生在评价女生的时候，也很重视女生对自己的评价。

为了给女生留下好印象，男生往往会激励自己、塑造自己、完善自己，使自己成绩优异、谈吐文明礼貌、举止自然洒脱、服饰整洁大方，富有探索精神，具有豁达的胸怀和男子汉气质。

异性间的相互激励，成为男生发展的动力和“催化剂”。

4.交往有度

青春期的男生渴望与女生交往，这不仅可以满足他们特有的心理需求，还可以使他们在交往中更多地了解女生。通过异性交往，可以取长补短，互相激励，共同进步，丰富情感体验。

男生应该广泛地和女生交往，在交往中学习尊重女性，理解女性，体谅女性。在交往中提高交友选择能力、判断能力，培养自信心、责任感。

男生与女生在交往中既要无拘无束，坦诚相待，相互激励、共同进步，又要注意男女有别，适当把握异性之间交往的“度”，才能使异性交往健康顺畅地进行。

男生要端正态度，培养健康的交往意识。

适度交往才能使异性交往健康顺畅地进行。

给女生留下好印象

进入青春期后，男生的生理和心理都发生了较大的变化。男生女生之间的交往与同性之间的交往有所不同。在与女生的交往中，有的男生拘谨、畏缩，有的男生过分热情，显得轻浮不庄重。怎样才能在异性交往中留下好印象呢？

衣着整洁大方

不要穿奇装异服，给人以轻浮肤浅的感觉。吸引女生的并不只是好看的外表，内在的修养和品质更有魅力。

言谈举止文明礼貌

男生要自然大方地与女生交往。不要随便打断别人的谈话，也不要在听别人讲话时心不在焉。说话时不大声喧哗，也不畏缩拘谨；不夸夸其词，也不矫揉造作。

为人处世不卑不亢

与人交往时，既不卑躬屈膝，也不傲慢自大。维护自己的人格尊严，不引起他人的反感。

不过分随便

男生与女生交往时，不应过分拘谨，但也不可过分随便。男生要学会尊重女生，应力求避免出言不逊、秽语伤人，以及对女生动手动脚甚至勾肩搭背等。

不过分卖弄

在与女生的交往中，如果男生故意卖弄炫耀自己，或者说话时咄咄逼人，会使人生厌。当然，总是缄默不语、过分沉闷或故作深沉、不懂装懂，也会让人敬而远之。

不多嘴多舌

爱打听八卦消息、传播流言蜚语的男生，非常让人反感。

主动关心帮助女生

男生主动帮助女生完成较繁重的劳动任务，解决学习和生活中的难题，表示对女生的关心并给予照顾，不讥笑或袖手旁观，很容易赢得女生的好感。

做个有教养的男生

作为男生，应该要努力使自己成为有责任心、有恒心、有爱心、有宽容心的人，做一个文明的人，一个有教养的人，一个有绅士风度的人。

现代社会，有教养的人应具有以下特质。

1

守时。无论做任何事，有教养的人从不迟到。要知道，即使是无意迟到，对其他准时到场的人来说，也是不尊重的表现。

2

大度。与人相处胸襟开阔，不会为一点小事而和他人闹意见，甚至断绝来往。

3

不自傲。在与人交往相处时，从不强调个人特殊的一面，也不有意表现自己的优越感。

4

语气中肯。与他人说话时，心平气和，真挚热诚，不高声喧哗、无理取闹。

5

信守承诺。答应别人要办到的事一定要办到，即使遇到困难也不食言，竭尽全力去完成。身体力行是最好的诺言。

6

关心他人。在他人遇到困难和不幸时，尽量给予同情和支持。养成帮助、爱护、尊重他人的品格，富有同情心。

7

谈吐有礼。先听完别人的发言，然后再去反驳或者补充别人的看法和意见，不随便打断别人的谈话。尊重他人的观点和看法，即使自己不能接受，也不当着他人的面指责对方，而是陈述己见，讲清道理。

8

尊重他人。与别人谈话时，保持注意力集中，态度亲切，而不是心不在焉、东张西望、满不在乎。

男生女生由于兴趣爱好或学习、工作上联系接触稍微多一点，就会立刻被人传出各种闲言碎语。有人认为，男女之间没有纯粹的友谊。你认为，中学时代，男生女生之间有单纯的友谊吗？请把你的想法写在下面。

Q

有些男生不敢和女生交往，只要与女生说话就会脸红心跳、呼吸加快，甚至口吃。那该怎样打破这种障碍，实现男生与女生间的正常交往呢？

A

害羞是一种正常的心理现象。有些男生性格内向，见到女生就脸红；有些男生对别人的评价很敏感，胆怯、拘谨；有些男生缺乏自信，认为自己没有迷人的外表、过人的本领，怀疑自己的能力；有些男生由于在学习、生活中曾经受挫，变得胆怯、消极被动，等等。

男生需要树立正确的异性交往观念，认识到异性交往是一种正常的人际交往，并要学会主动地与异性交往。在学校，尽可能增加与女生间的交往，以及群体交往，这样既能满足接近女生的心理需要，又能减轻对异性的紧张感。要大方自然地与女生交往，不要畏畏缩缩、害怕自己做得不好。与女生健康交往，可以增进相互了解，有利于克服男生的害羞感。

第三个阶段

恋人未满

她的身影总是时不时地从晓阳的脑海中冒出来；

经常在她上学必经的路口徘徊，希望和她再次“偶遇”；

每次路过她们班级门口，眼睛会不由自主地寻找她的身影；

在课本的某一页，默默地用铅笔写下她的名字……

第一章 酸涩的青苹果

1. 笨笨的男生，傻傻地喜欢……

有一次，晓阳到书店买书，一转身差点和一个女生撞到一起。那个女生有一双美丽的眼睛，正歉意地冲着他微笑。晓阳顿时脸红了。

他认识那个女生，他们读同一所学校，还是同一个年级，可惜不在一个班。那个女生不但人长得漂亮，而且学习也很棒，在他们年级很有名。曾经很长一段时间，晓阳很不服气，凭什么一个小女生每次考试排名都在他前面？晓阳在心里默默把她当成竞争对手，发誓一定要跟她比个高低。

书店偶遇事件已经过去几天了，可她的身影总是时不时地从晓阳的脑海中冒出来；在她上学必经的路口，晓阳经常在那里徘徊，希望和她再次“偶遇”；每次路过她们班级门口，晓阳的眼睛会不由自主地寻找她的身影；在课本的某一页，晓阳悄悄地用铅笔写下她的名字……即使远远地看着她，晓阳也会觉得很幸福、很甜蜜……

“人群里，我一眼就能找到她的身影。每次看到她，我都会心跳加速……”晓阳对着小精灵诉说，“我很想让她注意到我的存在，可是我又怕……”

“你还会怕？我还以为你的脸皮已经刀枪不入了呢。”小精灵一边跟一堆零件奋力作战，一边漫不经心地说道。“喂！不带你这么损人的！”晓阳看着小精灵这个“机器狂人”，真心无语了。原本还想找他倾诉一番、倒一倒苦水呢，怎么现在竟有种“对牛弹琴”的感觉。

“你——”晓阳瞪了小精灵一眼，然后一脸纠结地说“我怕她觉得我轻浮，怕她讨厌我，怕她……”

“停！”小精灵“投降”了，“你该不会被掉包了吧？这么没自信的人，真的是我认识的晓阳吗？”

晓阳茫然地看着小精灵，委屈得眼泪都要掉下来了。

“嘿嘿！逗你玩呢。”小精灵立刻狗腿般地讨好，变脸的速度堪称一绝，“你怕什么？怎么跟个小姑娘似的扭扭捏捏的。”

情窦初开

十五六岁的青春期男生，在对女生产生好感的基础上，会形成一个或几个女性的“理想模型”，或温柔善良，或活泼可爱，或文雅秀气……并且，在和女生的交往中，男生逐渐由对群体女生的好感转向对个别女生的依恋。有的还形成一对一的“专情”行动，萌生恋情。

男生把心里的感情集中寄予在钟情的一个女生身上。这时，青春期心理会使他们对其他异性朋友的关心明显减少。他们总是想方设法寻求机会与自己所喜爱的对象单独约会，不愿参加集体性的社会活动。他们往往会对女生产生幻想，很多人还会憧憬以后的美满生活，很少会考虑到面临的困难和阻力。

不能说的秘密！

处在青春期的男生，对爱情充满了憧憬和希望。一旦心里有了喜欢的女生。他们就会想和那位有好感的女生多接触，哪怕只是远远地看着她，也会感到很开心。

可是，要不要跟她表白呢？“该要怎么说出口呢？”“要是被拒绝了，多尴尬呀。”“同学们会嘲笑我的。”……

一方面，男生们因为没有勇气，害怕被拒绝、被人非议等种种原因而不敢向对方表白。

另一方面，男生们也知道，早恋是学校和家长明令禁止的。公开表白的后果，一定会对自己和她造成困扰。

同时，他们也清楚，自己对那个女生的喜欢也仅仅是好奇、有好感而已，自己并不是想要和她真的成为男女朋友。

于是，他们不得不保守这个秘密，选择偷偷暗恋，在心里默默坚守着这份青涩的喜欢，并不要求对方同样付出。

2.收到一封情书以后……

一天，晓阳写作业的时候，小精灵百无聊赖地翻着他的书包，忽然，小精灵发现了一个可疑的信封。他好奇地打开来看……之后，小精灵促狭地举着这封信，准备对晓阳开“审判大会”。

“这是什么？”

晓阳有些莫名其妙：“什么？”

小精灵撇撇嘴，说道：“你还装！你敢说这不是情书？”

晓阳一听，愣了。“情书？我怎么不知道？”说着，把信拿过来，半信半疑地打开……晓阳拿着这封情书，就像拿着一块“烫手山芋”，有些不知所措，又莫名地有些欢欣雀跃。

写信的是他们班里一个学习成绩不太好却又很努力的女生。学习上一有问题，她就找晓阳帮忙讲解，晓阳也很乐意帮她。可是，怎么都没有想到，她居然……

“我该怎么办？”晓阳回过神来，两条眉毛拧了起来。

小精灵故意拿他开涮，笑嘻嘻地说：“烦恼什么呀，喜欢就答应交往呗！”

晓阳的眉头皱得更紧了：“可我不喜欢她！”

“哦——原来不喜欢啊。要是喜欢的话……”小精灵笑得坏坏地。

晓阳瞪了小精灵一眼，不说话。小精灵见好就收，不再逗他了，认真地说：“被人喜欢，是一件值得高兴的事啊。难道你想被人讨厌？”

晓阳一脸无奈地说：“我明白。可是，然后呢？然后该怎么办？我总不能一直躲着她吧？”

小精灵沉思片刻，说：“嗯，要不告诉老师？”

“那她以后不得恨死我？”晓阳一脸鄙夷道。

“那就当作什么事都没发生，不理她好了。”小精灵继续出主意。

“那会不会伤她自尊？”晓阳表示怀疑。

爱的初体验

处于青春期的少男少女随着活动范围的扩大，认知领域的拓宽，对性有了基本理解，性意识和性体验明显增强，内心开始萌发初恋的幼芽。

男生对女生产生了爱慕之情，就会陷入情感漩涡之中。他们会突然对某一女生产生喜欢、倾慕甚至依恋的情感，会向喜欢的女生递纸条、写情书、制造机会与对方相处，甚至在上课的时候，思绪也不由自主地如脱缰的野马一般随意遐想……

由于家长和老师对他们的管束，他们会对自己内心的情感变化感到压力重重，但情感的涟漪却无法平息。

因为各种各样的原因，早恋了……

男生早恋的原因有很多种。一般来说，性格外向、相貌出众的男生，喜爱文学的男生，学习成绩差的男生，缺少家庭温暖的男生更容易发生早恋。

1 越禁止，越要尝试

男生进入青春期后，生理和心理上都发生了一系列变化。随着成人感的产生，男生的独立意识不断增强。他们要求成年人把他们当大人看待，希望得到理解和尊重。许多家长、老师的观念还来不及或不愿转变，仍把他们当成孩子看待。当期待与现实发生冲突时，男生就会产生很强的逆反心理。

家长或老师发现他们与某个女生比较亲近时，难免会把自己的猜测强加给他们。男生的逆反心理使他们在好奇心的驱使下，甘冒受惩罚的风险去尝试，导致他们将比较朦胧的感情向恋爱方向发展。

② 因为寂寞，寻找感情的寄托

现在家庭中，部分男生由于从小受到父母过多的宠爱，养成了娇气、依赖、脆弱等性格特点；有些男生由于是独生子，情感上感觉孤单、寂寞；也有些离异或单亲家庭的男生，因为得不到家庭的温暖，再加上性格孤僻，情感上倍感空虚；当然，还有一些男生因为学习成绩平平，往往不能受到老师和同学的关注与重视，感觉失落……

在这种种情况下，他们渴望得到理解与支持、温暖与安慰。一旦有女生关心，他们就不管不顾地陷入早恋当中。他们选择恋爱的方式来寻求情感上的补偿。

除此之外，有些男生是因为好奇心，渴望了解女性，而建立所谓的“恋爱”关系。在女生身上他们看到了自己所不具备的品质或性格，在欣赏对方中满足自己的心理需要。还有因为女生的仪表、特长和品性出众而产生爱慕，或在班级环境、文学作品的影响下，从模仿、从众的心理出发而开始早恋……

快乐和痛苦并存

处于青春期的男生世界观尚未完全形成，无论是生理还是心理，都有待于进一步发育和完善，性格和品德等个性特征也都有待于锤炼和定型。

他们容易感情冲动，却又十分脆弱，情绪起伏变化大，考虑问题简单，很少顾及后果。这种心理状况使早恋好像天边的浮云一样变幻莫测。

青春期的男生渴望与女生单独接触，但是对未来组建家庭、如何处理恋爱关系和学业关系、如何区别友谊和爱情都缺乏明确的认识。内心充满了矛盾，既想接触又怕被人发现，愉快和痛苦并存。

青春期的男生渴望与女生单独接触，可是内心又充满了矛盾，既想接触又怕被人发现，愉快和痛苦并存。

早恋的苦果

青春期的男生涉世不深，阅历不足，生活经验欠缺，对社会缺乏足够的了解，因此，他们在辨别人和事、在处理人际关系时，往往草率行事，容易感情冲动。

如果男生不善于控制自己的感情，任由自己的感情发展，就会带来一系列的恋爱弊端，从而影响精神生活的健康发展，甚至形成心理障碍。

1 学习受影响

青春时期，正是为各方面的成长、发展奠定基础的最佳时期。这个时期的男生，充满了青春活力，精力旺盛、思想活跃、记忆力强，是学习知识、提高能力的最好时期。如果男生在这个时期被恋爱问题所扰，分散学习精力，浪费大好光阴，那么，他的学习成绩就会下降，从而影响未来的前途和人生。

② 心理发展不健康

青春期的男生早恋，会受到家长和社会上其他人的责备和议论。长此下去，就会影响他们与同学、家人的关系。同时，思想上会产生很多负担，不利于心理的正常发展。

早恋往往是盲目的、短暂的、失败的。早恋的男生如果不能尽快地走出所谓的失恋阴影的话，就会对心理发展带来不良的影响，如错误的爱情观、异性人际关系处理方法，等等。有的甚至会造成性格改变，变得孤僻、冷淡，为男生以后的人生道路埋下不稳定的隐患，对健康成长极为不利。

③ 酿成苦果，引发犯罪

早恋，大多是由于感情的冲动或是对异性的神秘感和好奇心而引发的。这种神秘感、好奇心使男生盲目地效仿成年人的行为。强烈的好奇心和感情上的冲动，会冲垮十分脆弱的理智防线。在这种情况下，男生往往会做出过火行为，甚至造成不可弥补的伤害和心灵上的创伤。如果男生受到色情书刊或教唆犯的引诱，就极可能走向道德败坏或违法犯罪的道路。

走出早恋的漩涡

给感情降温

感情产生后，男生们要学会用理智战胜情感。不必刻意扼杀这份美好，也不能任其肆意成长。男生们，在恋爱这颗种子没有找到赖以生存的适宜环境之前，就先把它珍藏在心灵的保险柜中吧！将早恋的热情先冷冻起来，把它埋藏在心底，把精力集中在学习上。同时，和对方进行正常交往，珍惜纯真友好的感情。等到真正长大成熟以后，再决定是否继续。

★ 广交朋友

男生们要尽量避免两人单独接触，和其他同学多交往，多参加一些集体活动，用同学友谊来淡化这种恋爱关系。

通过与其他同学的广泛交往，男生们也许会发现其他女生身上的优点和可贵品质，会发现使自己心动的女生只是众多的各具特色、各有特长的女生中的一员。会发现自己视野的狭窄、最初的幼稚和情感上的不成熟。

当你与某个女生在交往过程中，心里产生了一些情感上的微妙变化时，你会怎样处理？不再继续交往下去？刻意保持距离，转移注意力？听凭自己内心的意愿？……请把你的想法写在下面。

Q

男生和女生交往中难免出现一时幼稚冲动，纸条和情书事件时有发生。如果收到女生的情书，应该怎样处理？

A

不论是否对这个女生有好感，男生收到纸条、情书后都要慎重处理。要知道，中学生还不成熟，无法对自己的感情和行为负责。选个合适的时机和她谈一谈，告诉对方在中学阶段不想考虑感情的事。

不要当面指责对方或将事情随便公开，这样会伤害对方的自尊心，使那个女生感到无地自容而反目成仇。别让情书事件成为心理负担，之后见面仍和以前一样自然大方，保持正常的朋友交往。

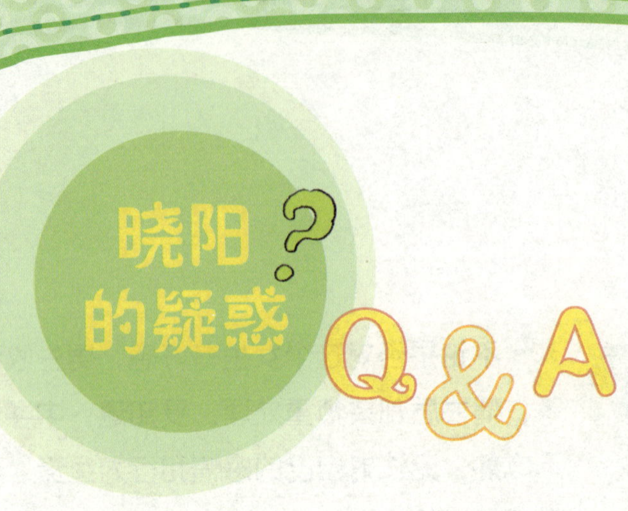

Q

一些男生和女生互相爱慕，会递纸条、约会、互相倾吐爱恋之心……他们的行为被人们称为早恋。什么是早恋？家长和学校为什么反对早恋？

A

早恋是未成年男女在青春期性成熟过程中，两性之间出现的一种过度亲密的互相接近、过早建立恋爱关系的行为。年龄在18岁以下的青少年谈恋爱，就是早恋。

青春期的男生阅历有限，对社会、人生的认识是肤浅的、片面的、幼稚的。有的男生因为感情问题造成学习成绩急剧下滑，影响升学，自毁前程。甚至因为早恋自杀的情况也时有发生。

由于早恋不能获得社会、家长和学校及周围大多数人的认可，给男生的心理造成很大的压力。在压力、阻力和自身道德冲突中，男生会注意力分散，过多地纠缠于烦恼、痛苦之中，影响了性情、性格、人生观、世界观的发展。

第二章 躁动的青春

1. 那个令人难以启齿的念头……

晓阳最近被一种难以启齿的念头扰得心神不宁，几乎无法集中精神学习。上课时总是走神，他人在教室，心却不知飞到哪儿去了。走在路上，与某个漂亮的女生擦肩而过，都会让晓阳激动不已，并幻想着和她的再次不期而遇。对女生的爱慕和渴望越来越强烈，女生的一个眼神，一个微笑，都会让他的心狂跳不已。看到电影、电视、小说中的亲密镜头和片段，晓阳会产生无限的遐想，虚构出与所爱慕的女生在一起的细节……

有时候，晓阳的脑海里会出现一些和某个女生在一起的画面，而这些画面是从来没有发生过的。画面很美，心情也很美，和她拥抱在一起，甚至还有许多亲密的动作……对于这样的念头，晓阳十分不安，对自己很厌恶。晓阳千方百计想阻止这种念头出现。可是，越是阻止，这种念头反而越强烈。晓阳很烦躁……

绮丽的幻想

性幻想是指人在清醒状态下对与性有关的事件的联想和想象，是自编自演的带有性色彩的故事或情节片段，也叫白日梦。

进入青春期后，男生出现性幻想是性意识发育和性功能正常的一种表现。这与他们的心理发育和心理成长紧密相关。

性成熟使青春期男生对女性的爱慕十分强烈，可当客观现实不允许他们放纵自己的情感和行为时，许多难以付诸行动的情感，就会通过幻想表现出来。

他们把影视剧中的亲密镜头、小说中性的语言，以及公园里恋人们的亲昵动作等，经过大脑重新组合、加工，虚构出自己与所喜欢的人在一起约会、拥抱等。

实际上，性幻想是一种心理补偿。男生往往通过幻想来达到心理上的满足。

心·理需求的宣泄

“我为什么会产生这种可耻的念头呢？”“我该不会是心理有问题吧？”“我是不良少年吗？”

……

青春期男生产生性幻想，是自身性心理朦胧的萌发，也是对性知识一知半解、对性冲动缺乏自控能力的表现，这是一种正常的心理和行为。

适当的性幻想是青春期心理需求的宣泄。

因此，男生产生性幻想并不是不正经、病态或道德败坏的行为，不必为此感到自卑、烦恼、羞耻。

过分压抑自己的性幻想，将会造成正常性心理受损，形成心理障碍。

虽然性幻想是一种正常的行为，但是，也不能过分沉溺于其中。终日沉湎于性幻想，想入非非，会令人神思模糊，影响学习、工作和生活，也有害身体健康。

丰富生活，把幻想抛一边！

一般来说，紧凑的日常生活安排，适当的社交活动等，对消除性幻想都有明显好处。

出现性幻想时，男生要学会及时分散自己的注意力，把自己的精力转移到其他事情上。比如，与人聊天，进行跑步、打球、游泳等体育活动，培养下棋、唱歌等兴趣爱好。通过丰富多彩的文体活动，转移对性的注意力，增强自己的意志调控能力。这样，可有效地疏解自己的精神压力，减少性幻想的次数。

同时，多读一些趣味高雅、内容健康的文艺作品，不要接触色情淫秽书刊、图片、视频等可导致性幻想的内容，避免对青春期男生的挑逗与刺激。

同时，要注意生理保健，男生不要穿过紧的衣裤。避免对性器官的过多刺激，也可以减少性幻想。

总之，性幻想是青春期男生发育过程中正常的性生理和性心理现象。青春年少、朝气蓬勃的男生，通过性幻想可以达到心理上的满足，宣泄自己的情感。但是，过多沉溺于性幻想，会对身心造成不良影响。

男生只要以正确的态度对待性幻想，丰富充实自己的生活，就会很容易地避免过多的性幻想，培养健康的性心理。

男生应该了解科学的性知识，做到自重、自爱、自控，多把精力集中在学习上。

Q

有些男生有时会做奇怪的梦，梦见自己和倾慕的女生约会、拥抱……醒来后，却又觉得自己龌龊，为此自责不已、无心学习、烦躁不安。他们为什么会做这种梦呢？

很多青春期男生都有性梦的经历，这是一种正常的现象。性激素分泌旺盛，性器官的日渐成熟，外界与性有关的讯息的刺激和影响，使男生经常有性梦出现。

梦醒后，部分男生会忧虑、恐惧。其实，出现性梦并不是一件羞耻的事情。男生不必有心理负担，更不必自责、烦恼。性梦是一种自我调节，情感的宣泄。

首先，要科学学习性知识，掌握性生理和性心理的发展规律。只有正确地看待自己的性生理变化和性意识活动，才能有效地消除一些不良情绪。其次，尽量避免夜间过多地涉及与性有关的话题和活动，培养自己的克制力。

2. 一时冲动

周末，晓阳去同学家玩。同学很神秘地拿出一张影碟，说是要给晓阳上一堂生动的“生理课”。晓阳也很好奇，他们窝在沙发里，一边大嚼薯片，一边津津有味地看着。很快，影碟中的男女主角互相拥抱，放肆地亲热起来……

晓阳看着看着，感觉到脸上滚烫滚烫的，心跳加速，呼吸紊乱，身体里有一股冲动似乎要喷涌而出……

凭着仅存的理智，晓阳赶紧起身回家。可是，一整天，晓阳的精神都处于亢奋状态，脑海里总是浮现出碟片中那些让人心旌摇晃的情节……

什么是性冲动？

青春期的男生，处于情窦初开的年龄，对女性的倾慕、热爱，往往在心灵深处激荡起感情的涟漪，容易产生好奇和冲动。

进入青春期，男生体内的性腺受到脑垂体分泌的一些激素的刺激，迅速地成熟起来，并开始产生性激素。性激素有刺激生殖器发育生长的作用，还有促进第二性征出现，以及产生性欲的作用。青春期性激素分泌达到一定程度时，会引起性的生理冲动。

男生们在受到外界的刺激后，在神经系统的调节下，容易引起性冲动。产生性欲望与性冲动是人类的本能，是生理发育与心理发展过程中的正常现象。

对自身出现的性欲体验，很多男生感到迷惑、恐惧、焦虑，甚至把它看成是下流的、可耻的，并产生罪恶感。

调节，缓解性冲动！

青春期的男生产生性冲动，是正常现象。不要让思想过度集中在性问题上，影响正常的学习和工作，也不要过分地自责和压抑，以免产生焦虑、抑郁和其他不良心理情绪。

适当的性幻想是青春期心理需求的宣泄。要学会用科学的方法加以调节，减少性冲动。

- 自觉遵守规律的生活作息时间。要按时就寝，按时起床。睡前避免过度兴奋，在床上不要胡思乱想；早晨按时起床，不要睡懒觉；被褥不宜过暖、过重。这对减少性刺激，控制自己的性冲动能起到一定的积极作用。
- 注意生殖器的清洁卫生。男生平时应注意清洗生殖器，避免生殖器污垢沉积产生炎症。
- 保持舒适的睡姿。最好的姿势是侧卧，下肢稍弯曲，各部分肌肉放松。以右侧卧为佳，尽量不要仰躺和趴睡。这样可以减少对外生殖器的压迫和摩擦，有益于控制性兴奋。
- 选择宽松的内裤。过紧过小的内裤，会对生殖器产生摩擦刺激。
- 洗澡时水温不宜过高，晚饭不宜过饱。这些也可以有效地减少性兴奋。

理智面对冲动的涟漪

性冲动的产生是由人的意识所支配的，是人的高级神经活动的结果，而并不是受本能的生理机制所控制。因此，学习性健康知识，加强自身修养，培养良好的、高尚的道德情操，可以从心理上调节、转移、控制自己的性冲动。

与女生正常交往。男生与女生在生活、学习与工作中，要自然地、坦率地进行交往。与女生缺乏正常交往的男生，对性的问题往往感觉神秘、紧张、敏感。

珍惜纯洁的友谊。在日常的生活与学习中，男生与女生交往时，要保持冷静的头脑，用理智克制自己的感情。避免频繁的单独接触。

不与庸俗的人交往。交朋友时，要认真选择，不要与那些庸俗的、下流的人交往。否则，很容易受到他们影响。如果择友不当，应立即绝交。

避免性的挑逗和刺激。男生不要看庸俗的、不健康的、充满肉欲的书刊、画报、影视等声像制品，这些肉感的、富有挑逗性的刺激，往往使男生不能控制自己的性冲动，从而放纵自己。

培养强烈的进取心。中学时代是学习的黄金时代，男生应把主要精力集中在学习上。保持积极向上的心理状态，能够对性冲动起到积极的疏导作用。

培养兴趣爱好。课余时间积极参加有益于身心健康的文体活动，使充沛的精力得到有益的释放。把精力集中在努力学习、发展兴趣爱好上，可以转移和淡化性的冲动。

培养责任感。随着男生性生理和性心理的逐渐成熟，会自然地产生性冲动。但是，男生还要学会对自己的行为承担责任。否则，一味地放纵自己，会给自己、他人造成伤害。

3.触摸，敏感地带！

一次偶然，晓阳的手触摸了自己的私密处。顿时，一阵快感流遍全身，晓阳觉得非常舒服。后来，晓阳渐渐地迷上了这种游戏。每当自己的身体里涌现一种躁动的感觉时，晓阳都不由自主地用手去抚摸自己的下身，去寻求这种快感。

这天晚上，晓阳躺在床上翻来覆去，总是睡不着。窗外不时地透进一阵热风，晓阳心里升起一股烦躁感，身体里突然升腾起一股冲动。晓阳的手又不由地向下身探去……

每次，当快感的潮水退去后，晓阳都有一种强烈的肮脏感、罪恶感。他非常厌恶自己。他总是告诫自己，以后再也不能这样了。可是，当这种冲动来袭时，身体的躁动就会冲垮所有的理智和坚持。

就这样，理智和情感展开了一场拉锯战，令晓阳很痛苦，学习成绩也一落千丈……

自慰游戏

青春发育期，由于性激素的作用，男生的外生殖器敏感性加强，有时偶然或意外的碰触，会引起性兴奋从而产生一时的快感。

青春期男生的性意识处于朦胧的觉醒状态，既不成熟又缺乏性的体验，神经中枢对性冲动的克制作用还比较薄弱，容易使他们产生跃跃欲试的心理。

自青春期开始，男生的性欲便会渐渐增强。自慰是以一种透过自我的刺激而达到性兴奋的行为，用手刺激自己身体的敏感部位，或借助其他物品的帮助，从而得到性的乐趣。

适度的自慰是对身体欲望的缓解和宣泄。

偶尔的自慰行为是男生在青春发育期的一种正常性冲动表现，并不影响健康。

精神的枷锁

虽然自慰行为是男生在青春发育期的一种正常性冲动的表现，但是如果自慰次数过多，过分强烈，形成习惯，就像暴饮暴食会造成消化不良、运动过度会使肌肉劳损一样，无论是生理还是心理都会产生一些不良影响。

很多自慰的男生内心都处于矛盾的状态，想戒掉这种习惯却又不能自拔，从而产生悔恨、自责、羞愧等心理，甚至产生负罪感。一方面是自慰的快感和新鲜体验的诱惑，另一方面是沉重的精神负担。有自慰习惯的男生被套上精神枷锁，使他们一直处于自责、恐慌及不能自拔的痛苦与焦虑之中。

长此以往，形成恶性循环，有自慰习惯的男生就会失眠、多梦、疲乏无力、注意力不集中，记忆力减退、学习成绩下降……

有自慰习惯，怎么办？

沉迷于自慰游戏无法自拔？背负心理枷锁，而羞愧、恐慌、自责？……男生们，不必因此而悔恨，甚至产生负罪感哦！既然自慰影响到了我们的身体及心理健康，那么就科学地认识自慰问题，努力克服自慰习惯吧。

1.锻炼自身的意志和毅力

当出现性欲望时，可以进行自我调节，自我控制。尽量控制自慰的欲念，逐渐减少自慰的次数，直至戒除。

2.分散注意力

每当出现自慰念头时，去做一些有益身心的文体活动，如下棋、听音乐、看书等。丰富兴趣爱好，充实课外生活，可以淡化和转移性欲，从而有效地克服自慰的习惯。

3.养成有规律的生活习惯

按时睡觉、按时起床，不睡懒觉、不赖床。睡眠以右侧卧为佳，不要俯卧，被子不要过厚。避免睡前过度兴奋……这对减少性的刺激与控制性欲能够起到积极作用。

4.有选择地阅读书刊

要选择科学的性知识读物，帮助男生从医学和健康卫生的观点去了解性生理、性心理现象，使他们对自身出现的问题做出积极的、适当的反应，从而排除有碍身心健康发展的消极困素。

5.严格要求自己

不要阅读色情淫秽书刊，交朋友时要谨慎，不与庸俗的、下流的人为伍。

4.内裤湿了……

一天，晓阳发现好友在偷偷摸摸地翻看一本杂志。晓阳随意地瞄了一眼，顿时尴尬不已。杂志的封面是一个穿着暴露的女孩。好友很大方地要把杂志借给晓阳看。晓阳红着脸想拒绝，可还是被说动心了，忍不住拿起来翻开……

晓阳翻了几页之后，心不由地"砰砰"跳。原来，杂志里面都是性感魅惑的女孩的图片，修长的腿、纤细的腰……晓阳赶紧做贼心虚似的把杂志塞进书包。

一回到家，晓阳就直奔房间，发现小精灵居然不在。晓阳迫不及待地紧锁房门，拉好窗帘，翻开了那本杂志……那一个个露骨的故事，看得晓阳心跳加速。看着杂志上一张张性感妩媚的女性图片，晓阳的身体不知不觉地起了反应，难以压抑的冲动让他对女性的身体浮想联翩。

晚上，晓阳做了一个奇怪的梦。在梦里，他和一个漂亮的女生深情相拥，甚至还做出许多亲密的举动……在晓阳感觉十分愉悦和舒适的时候，突然，他从梦中惊醒，好像有东西从身体里喷了出来。

晓阳感觉到内裤好像湿了，他赶紧去卫生间检查，发现内裤果然湿漉漉一片。

“怎么回事？难道我尿床了？”晓阳觉得不可思议，他慌张地去仔细检查被褥。一切正常，只有内裤湿了。

这下，晓阳不知该如何是好了。忽然想起刚才的那个梦，他更加忐忑不安。小心翼翼地去卫生间，把下身洗干净，换上干净的内裤。

可湿了的内裤怎么办？被妈妈发现了怎么办？想来想去，晓阳只好把沾上奇怪黏液的内裤揉成一团，偷偷地丢进了垃圾桶。

精满自溢

青春期的男生在生理和心理上迅速发育成熟，特别是性生殖系统变化较大。睾丸体积增大，体内雄激素水平明显提高，在睾丸、精囊、前列腺、尿道旁腺等组织器官相互作用下，不断产生精液。精液是由男性性腺和性器官分泌的乳白色、带有特殊气味的液体。

当精液量超过附睾和精囊的储存限度时，就会反射性地引起射精，使精液从尿道溢出体外，不可避免地发生遗精现象。

任何一位发育健康的男生在青春期及以后都有可能发生遗精现象。所以，遗精是青春发育期男生的正常生理现象。

首次遗精的发生年龄一般在12~18岁，平均年龄为15~16岁，最早的在11~12岁。首次遗精以后，每隔十天半月会再次遗精，这都是正常的生理现象。

在首次遗精后的早期精液中，一般没有成熟的精子，直到18岁左右，随着睾丸、附睾的进一步发育成熟，精液的成分也逐渐与成人的接近。

多数男生的遗精在睡梦中发生，因此，遗精通常又被称为“梦遗”或“梦精”。

梦遗标志着男生性机能的成熟，即有了生殖能力。

进入青春期后，男生性意识开始萌芽，对女性逐渐产生爱慕，并开始萌发出性体验的要求。因此，男生在入睡后如果有心理上的性刺激，就会产生遗精。

除了性梦以外，其他的一些如内裤过紧、睡觉时被子压得太重、被窝太热等刺激，也可能引起反射性遗精。

曾经，人们认为梦遗是……

梦遗就是指男性在睡眠中，由于做梦而射精。

过去，人们对梦遗现象曾有不少错误的解释。

有的人认为，这种现象是病理因素或道德缺陷造成的，并再三强调遗精是有害的，男生应避免出现这种现象。

有的人认为，出现梦遗现象是由于衣裤穿得太紧、被褥过暖或睡眠姿势不恰当，使阴茎受到刺激所造成的。

还有人认为，梦遗是由于男生思想不纯洁所导致的……

以上种种解释，都没有找到梦遗的根本原因——男生的生理发育成熟。

由于认识上的误区，很多男生对早晨醒来发现自己梦遗这一现象，感到迷惑或惶恐不安，甚至产生负罪感。当他们发现流出的精液污染了衣物被褥时，总是感到难以见人，生怕被家长发现。这对他们的身心健康十分不利。

遗精之后，怎么办？

遗精是男性特有的生理现象，是青春期发育的重要标志。有些男生由于缺乏应有的性知识，再加上一些传统观念的影响，很容易因为遗精现象而产生不良的心理反应，如过分紧张、焦虑、恐惧、自责、抑郁等。

许多男生千方百计地去控制自己，可在梦中又不能自已。青春期男生应该了解一些性生理知识，正确认识梦遗现象。梦遗不是病态，而是一种不由人自控的潜意识性行为。

因此，青春期的男生应该明确“满则溢”的观念，消除心理障碍。

对遗精的到来，要有心理准备；
对无规律的遗精，则要顺其自然。

梦遗对每个男生来说都是必经的一件事。梦遗后的卫生也应十分重视。

遗精会使大量精液排出体外，不可避免地要弄脏内裤，这使得男生不知所措，非常难堪。因此，男生最好在床上放些卫生纸，及时擦拭。如果不予理睬，很快就会浸湿被褥。

另外再准备一条内裤，以便及时更换。换下的内裤应立即清洗，并在阳光下曝晒，以达到防菌杀菌的效果。

遗精后，必定会有少量精液残留在尿道里。此时，男生最好去厕所小便，使精液及时排出。有条件的话，最好用水清洗一下，保持洁净。

Q 青春期男生的遗精有没有规律性？多久遗精一次是正常的现象？

遗精是正常现象。从遗精的间隔时间看，没有严格的规律性。有时一至二周一次，有时连续两三个晚上都有，这和男生的生理和心理状态有关，不会对身体健康产生不利的影响。

然而，如果男生遗精次数过多，或者一有性冲动阴茎就有精液流出，这就属于病态了。男生如果有频繁遗精的现象，应及时请医生诊治，找出病因，对症治疗。

5.坚守道德的防线！

男生进入青春期以后，生理逐渐发育成熟。在缺少正确的性知识教育的情况下，书籍、影视、网络等媒介对性内容的传播，会使男生出现强烈的性冲动。

现代社会，人们的性观念也发生了很多变化。生理的需求和外界的不良刺激，使男生在受到诱惑时，很容易一时冲动而突破最后的防线。

随着青春期男生越来越多、越来越早地发生性行为，甚至造成女生怀孕，有人感叹他们缺乏性知识，没有做好避孕措施。

目前，中学阶段开设的性教育课程，内容主要是生理卫生知识，而有的学校把避孕措施等不合时宜的性知识地搬入学生课堂。

但是，性教育的内容仅仅就是性生理知识吗？

这种仅止于“会避孕”的性教育，破坏了青春期男生尚未建立的道德意识，并对男生产生暗示或诱导的负面作用，使他们更加好奇地去尝试。

当他们陷入迷乱的感情中时，就会对性行为跃跃欲试，而根本不去考虑后果；他们也意识不到，婚外性行为都是不合法的、不道德的……

虽然，性是人类的本能，但是人类的性行为还是要受到社会性道德规范的制约的。

对青少年实施性道德教育，让他们恪守性道德、避免性行为，比单纯的性生理教育更为重要。

人不同于动物

进入青春期后，随着男生们性生理的迅速发育，性体验和性冲动也会十分强烈。因此，青春期男生的性发育，不仅使其具有了生殖能力，而且激发了他们潜在体内的性冲动，唤醒了性意识，从而产生对异性的好奇、爱慕和吸引等情绪。

性是人和动物共有的本能，会产生性欲望、性冲动也是自然的。但人毕竟不同于动物，人生活于社会之中，要受到法律、法规、道德标准等的制约。

性问题包括很多方面，生理的、心理的、伦理的、社会的……只有把这些方方面面完整地结合起来的性教育才是最健康、最科学的。

正处在成长中的男生们，不能放纵自己，要学会淡化和理智地对待性欲望。

成长的代价！

青春期的男生，尽管性器官、性机能发育成熟，并且有了强烈的性生理感受，但他们对性的科学性和性的社会意义却仍然一知半解。因此，青春期的性行为并不是成熟的道德行为。

由于青春期男生的自制力较差，情绪起伏变化大，遇到问题往往出现不冷静、好冲动的特点。有了性冲动却不懂得用道德标准来约束自己，不懂得用法制观念控制自己，任凭生理冲动自由泛滥，以致失足走向歧路，造成人生悲剧。

青春期的男生如果不懂得控制约束自己，就容易酿成苦果，这不仅会付出惨痛的代价，还会给人生留下不可弥补的创伤。

抵御禁果的诱惑

向处于青春期的男生传授性知识的目的，是为了让他们懂得人体的一般生理知识，了解自身的生理构造，解除生理上和心理上的困惑，懂得生命的起始，从而热爱生命，为他们身心的健康成长提供保证。

除此之外，青春期的男生掌握一些性伦理的基本知识和原则也很有必要。

男生们应该明白，还没有成熟就涉及性关系是非常冒险的行为。在青春期所发生的性行为，都是违背性道德的。

培养性道德意识，树立正确的性道德观，自觉抵御外界的诱惑，拒绝和避免发生性行为。

“性”意味着道德和责任！

性生理知识教育，解决的是性是什么与不是什么的问题，没有好与坏的区别；而性道德教育，是告诉男生们如何处理与性有关的行为，并且有着对与错的划分。

如果把人比作骑士，把性比作野马，那么性道德就是御马的缰绳。野马奔腾时，必须接受人们手中缰绳的约束。尽管性是个人化的问题，但是如果没有道德的约束，也会成为脱缰的野马，破坏社会的健康与和谐。

性不仅仅意味着享受，还意味着道德和责任。

青春期男生应该懂得约束自己。对性开放的时髦保持冷静，对性冲动保持克制。

青春期男生要培养正确的婚恋观、性爱观，了解性法律法规，懂得性病防范知识等。要正确认识对自己、对他人、对家庭、对社会应有的责任和义务，懂得两性相处的道德原则，学会把自己的性行为控制在法律范围内。

所以，每个男生都有必要在性行为上做出对自己和他人负责的选择，要学会洁身自好，拒绝不正当的性关系要求，男生要明白两性间的平等和尊重，自尊自爱。